www.ingramcontent.com/pod-product-compliance
Lightning Source LLC
LaVergne TN
LVHW011957070526
838202LV00054B/4951
* 9 7 8 3 7 4 8 2 7 6 9 0 6 *